24e BATAILLON

2e COMPAGNIE DE GUERRE.

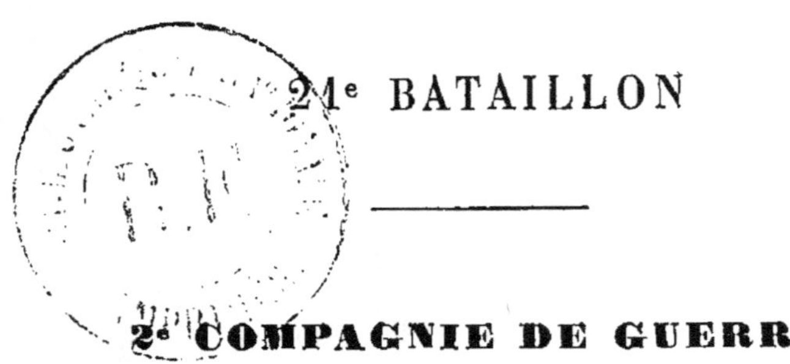

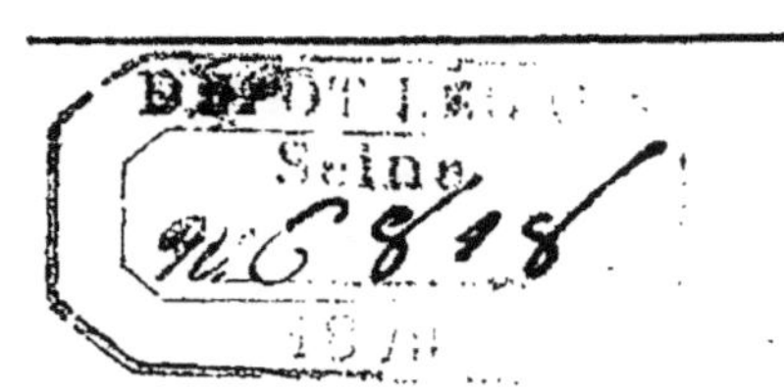

SOUVENIR DE LA RÉUNION

DU 3 DÉCEMBRE 1870

Les 2e et 6e compagnies du 21e bataillon de la Garde
nationale, dans les rangs desquelles a été levée la 2e compagnie de guerre, ont voulu offrir à ceux qui partaient un
fanion brodé par des dames à l'aiguille patriotique, et un
clairon, qui les conduiront à l'ennemi, et qui seront
comme un souvenir toujours présent des compagnies
mères.

Le 3 décembre 1870, dans une soirée donnée à cette
occasion, a eu lieu la remise solennelle du clairon et du
fanion.

Non contentes de cela, les compagnies sédentaires ont
constitué entre elles un fonds de caisse qui a été donné
à la compagnie de guerre, et qui, grossi du produit fruc-
tueux d'une quête faite dans l'assemblée, permettra de
distribuer aux moins fortunés des soldats de la compagnie de guerre, des gants, des chaussettes de laine, des
gilets de tricot, etc., — superflu bien nécessaire par ce
temps de factions glaciales.

M. Lavigne, sergent-fourrier de la 2e compagnie sédentaire, après avoir expliqué le but de la réunion, a proposé
à l'assemblée de constituer son bureau, en nommant
comme président M. Blondeau, capitaine de la 2e compagnie de guerre, et comme assesseurs, MM. Grosjean et
Angelmann, capitaines de la 2e et de la 6e compagnie
sédentaire. La présidence d'honneur a été décernée par

acclamation à M. Demoussan, capitaine adjudant-major du bataillon.

M. J. Bozérian, garde de la 2ᵉ compagnie sédentaire, a porté à la compagnie de guerre un toast dont nous reproduisons la teneur :

« Mes chers camarades,

» Plusieurs de nos camarades faisant partie de nos compagnies sédentaires m'ont prié d'être leur interprète auprès de ceux qui ont été appelés à former la compagnie de guerre.

» J'ai accepté ce mandat avec plaisir, car cela me fournit l'occasion de dire tout haut ce que je pensais tout bas ; avec bonheur, car cela m'autorise à donner un libre cours aux sentiments qui débordent de mon cœur.

» Je crois, mes chers camarades, qu'en fait d'exorde pour mon discours, le meilleur, c'est l'accolade fraternelle, qu'au nom de tous je demande la permission de donner au commandant de notre compagnie de guerre, à notre cher camarade Blondeau. »

M. J. Bozérian embrasse chaleureusement le capitaine Blondeau, puis il continue en ces termes :

« Voilà mon exorde, mes chers camarades ; quant à ma péroraison, veuillez m'en dispenser, les discours en règle sont ici hors de saison. Permettez-moi seulement de dire ceci à nos camarades de la compagnie de guerre :

» Amis, je bois à vous ; je bois à vos santés ! Je bois au désir d'une courte séparation ; je bois à l'espérance d'un prompt retour !

» Mais, qu'ai-je dit ! j'ai parlé de séparation : le mot est déplacé ; je le rétracte, ou plutôt je l'explique.

» A un certain point de vue, certes le mot est juste ; matériellement, en effet, nous allons être séparés Tandis que nous allons, en deçà des remparts, continuer l'humble service dont vous avez eu votre part, vous allez, vous, au delà des remparts, suivre les nobles exemples que d'autres compagnies de guerre vous ont déjà donnés : vous allez payer à la patrie la dette de vos fatigues, de vos santés, peut-être de votre sang.

» A ce point de vue, oui, le mot est juste ; nous allons être séparés.

» Mais, à un autre point de vue, le mot est inexact.

» Car, si nos corps peuvent être séparés, nos cœurs ne peuvent pas l'être ; à ce point de vue, entre vous et nous l'union est intime, indissoluble.

» Ah! vienne le jour si ardemment souhaité! vienne le jour où, courbée si longtemps sous le fardeau de ses malheurs et de ses désastres, la France républicaine se redressera dans sa force et dans sa liberté! Ah! vienne ce jour, et ce jour-là, soyez-en sûrs, notre voix, franchissant l'espace, trouvera moyen de s'unir à la vôtre pour célébrer tous ensemble le but et le résultat de nos communs efforts, la délivrance de la capitale et le salut de la patrie ! »

M. Henri Baillière, garde de la 2ᵉ compagnie de guerre, a remercié les compagnies sédentaires et du punch, et du fanion, et du clairon qui étaient offerts, et des vœux qui étaient formés; il les a surtout remerciées de la pensée qu'elles avaient eue de donner un *chaud* souvenir à ceux qui allaient affronter, en même temps que le Prussien, la rigueur des nuits d'hiver.

« Conduits par des chefs en qui nous avons confiance, a-t-il dit, nous irons à l'ennemi..... et j'espère bien que nous en reviendrons, heureux d'avoir contribué pour notre part à chasser l'envahisseur et à fonder la république !

. . . .

» Issue de l'alliance de la 2ᵉ et de la 6ᵉ compagnie du 21ᵉ bataillon, la 2ᵉ compagnie de guerre se fera honneur de se montrer partout et toujours digne de ses nobles parents.

Nous avons entendu avec grand plaisir les vers de M. Charles Garnier, architecte de l'Opéra et garde de la 6ᵉ compagnie. Ces vers, où la verve gauloise le dispute à un ardent patriotisme, deviendront l'hymne du bataillon. « Ne les lisez pas, disait l'auteur, chantez-les. »

M. Thierry, garde de la 6ᵉ campagnie sédentaire, a chanté des couplets de sa façon, *les Parisiens*.

M. Léautaud (de l'Odéon), garde de la 2ᵉ compagnie de guerre, a lu avec une énergique conviction les stances *Des canons!* dues à la plume de M. Placide Couly.

La *Marseillaise*, le *Chant des Girondins*, l'*Assemblée de la compagnie*, exécutée sur le clairon, ont été, bien entendu, de la partie.

Avant que la réunion se séparât, dans quelques paroles pleines de cœur, M. Hoinville, garde de la 6ᵉ compagnie sédentaire, a dit que ce qui avait été fait n'était qu'un commencement, et que, s'il était besoin, la compagnie de guerre trouverait toujours aide et secours auprès des compagnies mères.

Puis, tous se sont serré la main en se souhaitant bonne chance et au revoir!

H. B.

HYMNE

DE LA 2ᵐᵉ COMPAGNIE DE GUERRE

Par Ch. GARNIER,

Garde de la 6ᵉ compagnie sédentaire.

AIR d'*Octavie*.

Par l'étranger la France est envahie,
Mais les Français se lèvent déjà tous :
Les vieux suivront, pour sauver la patrie,
Ces jeunes gens qui partent avant nous.

Ils vont partir comme on partait naguères,
Comme partaient les Gaulois et les Francs.
C'est en chantant que combattaient nos pères,
C'est en chantant que vaincront leurs enfants.

Nous pouvons donc, en suivant cet usage,
Chanter ce soir et fêter nos amis,
Car la chanson est un heureux présage
Pour les succès que l'on vous a promis.

Que l'ennemi détruise sur la terre
Pays, cité, ville, hameau, canton ;
Que l'univers soit réduit en poussière,
De ce chaos surgira la chanson !

Elle dira : C'est moi qui fus la France,
Et mes grelots annonçaient les beaux jours ;
J'ai su donner courage et confiance...
Vous voyez bien qu'on peut chanter toujours.

Air : Papa, les p'tits bateaux.

Ah ! vous tous qui partez,
Vous avez joliment d'la chance,
Et quand vous reviendrez
Vous nous trouv'rez bien épatés.

Vous nous raconterez
Vos brillantes campagnes,
Et puis vous nous direz
Ousque vous êt's allés.

Vous nous direz combien
Vous avez occis de barbares,
Et plus (mill' noms d'un chien !)
Vous leur f'rez d'mal, plus ça f'ra d'bien.

Je n'peux pas exiger
Que vous preniez Guillaume,
Mais s'il s'laissait pincer,
Faudrait pas le lâcher.

Il faudrait bien plutôt
L'am'ner ici (j'paye la dépense),
Et dans ce caboulot
Faire boire un coup à ce hug'not.

Cet homme de toupet,
Il a déjà son casque,
Eh bien! on lui promet
Qu'il aura son plumet.

Ainsi, c'est convenu,
Vous nous amenez le roi d'Prusse,
Ce monarque pansu
Ici sera le bienvenu.

Puis nous lui bâtirons
Une belle logette,
Et puis nous l'y mettrons,
Et puis nous lui dirons :

« Cher Guillaume, tu vois
Qu' faut pas tenter la Providence,
Malgré tes Bavarois,
Te v'là comm' Napoléon Trois.

Vous étiez tous les deux
Chefs de puissants empires,
Vous vouliez encor mieux,
Jeunes présomptueux !

Ceci vous montrera
Qu'au-dessus des rois sont les peuples,
Et qu' du joug d'un pacha
Nous avons assez comme *cha;*

Et que nous ne voulons plus
Que deux polichinelles,
Pour être plus ventrus,
Nous fassent taper d'ssus.

A notr' tour nous voulons
Faire un petit peu nos affaires,
Et quand nous nous battrons
Alors nous aurons nos raisons.

En attendant c'régal
Faut faire la lessive,
Et, si j'en crois l'journal,
Ça ne va pas trop mal.

Allons, un bon coup de main,
Ça suffit pour finir, j'espère;
Mettez-vous en ch'min,
Poussez ferme, et ne craignez rien.

Partez donc, mes amis,
Nos vœux vous accompagnent :
Les enfants de Paris
Sauveront le pays!

Partez donc tous demain !
. A vos santés vidons nos verres !
Pour y mettr'de l'entrain
Nous répét'rons tous ce refrain :

Air de *Garibaldi*.

Allez, marchez,
Allons, marchons, } bataillon énergique,
Allez au feu, marchez,
Allons au feu, marchons, } ne craignons rien,
Poussez
Poussons } ce cri : Vive la République !
Vive la France ! et mort au Prussien !

Allez, enfants, le devoir vous appelle,
Il faut sauver la patrie en danger.
Partez heureux, car votre tâche est belle :
Paris saura repousser l'étranger.

Allez, marchez, etc.

Jadis c'était pour un nom, un emblème
Qu'on se levait et marchait aux combats ;
Mais, aujourd'hui, c'est le pays lui-même,
De ses enfants, qui fait tous des soldats.

Allez, marchez, etc.

Oui, le drapeau qui de ses plis nous couvre
N'abrite plus empire ou royauté ;

Il est planté, non plus sur quelque Louvre,
Mais sur la France il flotte en liberté.

    Allez, marchez, etc.

Et maintenant, soldats ou volontaires,
Partez gaiement, tenez-vous chaud aux piés ;
Surtout pensez à vos vieux sédentaires,
Qui de tout cœur boivent à vos santés !

    Allez, marchez, etc.

LES PARISIENS

IMPROMPTU

Par G. THIERRY,

Garde de la 6ᵉ compagnie sédentaire.

Air : *C'est un Lonla landerirette.*

Vous êtes bons patriotes,
Citoyens qu'on fait soldats :
Sachez défendre vos portes
Et chasser les potentats.
Il ne suffit plus de rire
Ou crier après des riens.
En avant, marche, il faut vous dire,
    Beaux Parisiens *(bis)*.

Tous ennemis du servage,
Unissez-vous et chassez
Ce peuple et son esclavage
Dont il n'a jamais assez ;
En France, l'on abomine
Ce qui sourit aux Prussiens,
Car l'indépendance domine
    Les Parisiens *(bis)*.

Bismark sait comment nous prendre,
Et prétend nous affamer ;
Mais nous avons à lui vendre
Ce que l'on n'ose entamer.
Vers lui l'élan qui nous pousse
Fera justice des siens,
Lorsque se mettront à sa trousse
    Les Parisiens (*bis*).

Au son de la *Marseillaise*,
On vit jadis des guerriers
Qu'à Guillaume ne déplaise,
Chez lui cueillir des lauriers.
Depuis Berlin jusqu'à Vienne,
Autrichiens et Borussiens
Étaient vaincus. Qu'on se souvienne
    Des Parisiens (*bis*).

De toutes parts on répète
Mort à ces envahisseurs !
Mais la France le décrète,
Soyons ses défenseurs,
Et depuis les volontaires,
Jusqu'à nos derniers soutiens,
Nous les rendrons tous tributaires
    Des Parisiens (*bis*).

DES CANONS!

VERS PATRIOTIQUES

Par M. PLACIDE COULY,

Dits par M. LÉAUTAUD (de l'Odéon),

Garde de la 2ᵉ compagnie de guerre.

Des canons! des canons! c'est le cri de bataille!
Nous saurons bien par eux dépasser votre taille,
O vous qui, nous croyant au jour sans lendemain,
Sur Paris étendez votre implacable main!
Des canons! des canons! la noble *Populace*,
Ouragan déchaîné, va balayer la place;
— Et bientôt foudroyés par sa terrible voix,
Vos nombreux bataillons périront à la fois!

Des canons! des canons! gigantesque fournaise,
Tout Paris, entonnant la grande *Marseillaise*,
Dans tous ses ateliers, par ses cent mille bras,
Pour venger notre honneur, court forger le trépas!
— Vous faisiez, disiez-vous, — hypocrites infâmes! —
La guerre à l'empereur, et vous souillez nos femmes!

Quoi ! les traîtres tombés, vous combattez encor !
Tremblez ! notre Calvaire est bien près du Thabor !

Oui, l'élan est donné ! c'est la guerre sans trêve,
La guerre sans merci, que la mort seule achève.
— C'est la guerre d'un peuple égorgé pour vos rois.
Le lion se réveille, il défendra ses droits !
— Tu t'abrites en vain, farouche Germanie,
Sous le feu des canons de ton artillerie,
Les nôtres, allumés au souffle de nos cœurs,
Vont tonner à leur tour ! Place ! place aux vainqueurs !

La France des grands jours a retrouvé sa flamme ;
L'âme de nos héros est passée en notre âme !
— Dieu s'apprête à changer le destin des combats !
— La terre de la Gaule est fertile en soldats ;
Tout se bat, jusqu'aux morts illustrés par l'histoire !
Nos fiers géants de bronze auront leur part de gloire ;
— De sauver le pays leur grand cœur est jaloux :
Transformés en canons, ils combattront pour nous !

— Au travail donc, amis ! achevons l'œuvre sainte,
Par dix mille canons protégeons notre enceinte.
Le peuple les réclame, et bien plus que du pain
Il demande du fer pour assouvir sa faim !
— Donnons tous ! donnons tous ! apportons notre obole.
A Paris assiégé formons une auréole
Si belle ! que le temps ne puisse l'obscurcir...
La France va renaître ; elle est prête à mourir ! ! !

Paris. — Imprimerie de E. MARTINET, rue Mignon, 2.